27
Ln 9559.

DISCOVRS FVNEBRE

SVR LA VIE ET LA MORT DE FEVE MADAME ANNE BATILDE DE HARLAY,

ABBESSE DE NOSTRE-DAME DE SENS.

Par le R. P. Dom COSME DE S. MICHEL, *Abbé & Superieur General de la Congregation de Nostre-Dame de Feüillens, Ordre de Cisteaux.*

A PARIS,

Chez FRANÇOIS MUGUET, Imprimeur ordinaire du Roy, & de Monseig. l'Archevesque, ruë de la Harpe, à l'Adoration des trois Rois.

M. DC. LXVIII.
Avec Permission.

DISCOVRS FVNEBRE
SVR LA VIE ET LA MORT
DE FEVE
MADAME ANNE BATILDE
DE HARLAY,
ABBESSE DE NOSTRE-DAME DE SENS.

Ego autem non quæro gloriam meam, est qui quærat & judicet. Ioan. cap. 8.

Quand je fais reflexion sur ma propre gloire, je trouve qu'elle n'est rien; j'en laisse le soin à celuy qui en est le distributeur & le Iuge. En S. Iean chap. 8.

PUISQUE l'Ecriture considere la loüange comme un Sacrifice, & qu'elle nous défend par la bouche de Dieu mesme d'en presenter aucun aux pieds des Autels, sans le commencer par la reconciliation. Il semble M. qu'avant que de m'engager dans l'Eloge de

A ij

feuë Madame Anne Batilde de Harlay, Abbesse de cette sainte Maison, je devrois la reconcilier avec la loüange, puis qu'elle a esté sa seule ennemie durant qu'elle a vescu sur la terre. Il est vray que l'accommodement m'en paroist fort difficile, parce que la loüange la plus juste & la plus pure a donné de si fortes allarmes à sa tres-profonde humilité dans tout le cours de sa vie, qu'elle n'en a jamais pû souffrir les approches quelque visage qu'elle ait pris pour l'aborder.

Ce n'estoit pas assez à cette amante passionnée de l'humilité, de prendre les paroles de mon texte pour devise, *Ego autem non quæro gloriam meam*, je ne cherche point ma propre gloire, elle la fuyoit encore comme une ennemie redoutable, qui la menaçoit de ruïner toutes ses Vertus, & d'enlever tous les tresors de son Ame: Mais je puis dire avec verité, que c'est la seule entreprise où cette grande Ame n'ait pas reüssi, & que quoy qu'elle ait eu d'heureux succés dans tous ses desseins, qui sembloient souvent estre au dessus de toutes les forces humaines; Elle n'a pû jamais se défendre avec toutes ses precautions des justes hommages, que la loüange & la gloire luy ont rendus de toutes parts, malgré toutes ses fuites & ses resistances.

Or il n'est pas juste, M. que la gloire la choye davantage apres sa mort, que durant sa vie, puisque c'est le temps où Dieu la destine aux

de Madame Anne Batilde de Harlay. 5

mes fideles : *Tunc erit laus unicuique à Deo.* C'eſt maintenant que ſa vertu couronnée des brilants de la gloire du Ciel, ne peut plus craindre les atteintes dangereuſes de la vaine gloire de la terre. C'eſt maintenant que nous pouvons luy preſenter ſeurement le juſte Sacrifice de la loüange qu'elle a meritée par autant de tiltres qu'elle a fait de grandes actions durant le cours de cinquante années. C'eſt maintenant qu'elle preuve dans la poſſeſſion du ſouverain bien, que ceux qui ont attaqué le plus fortement la gloire, par les pratiques auſteres de l'humilité, trouvent enfin des charmes & des attraits dans cette aymable ennemie, lors qu'elle leur eſt preſentée apres la mort, par la bouche des hommes & de Dieu meſme, *eſt qui quærat & judicet.*

Au reſte, ne croyez pas, M. qu'il n'y ait aujourd'huy qu'une langue occupée à prononcer l'Eloge de cette vertueuſe Abbeſſe, la mienne n'eſt qu'un foible Echo de milles autres qui parent inceſſamment à ſa gloire, & quand meſme les hommes auroient aſſez d'injuſtice pour ſe taire de tant de vertus qu'elle a ſi ſaintement pratiquées. Ie pourrois dire apres l'Evangile, qu'il n'y auroit pas une pierre dans cette ſainte Maiſon, qui ne ſuppleât au défaut des Temples vivans, & qui n'annonçât par tout, que comme ſon zele l'a baſtie depuis les fondemens juſqu'au comble, elle l'a ſanctifiée par ſes œuvres, & conſacrée par l'éclat ſolide de ſes Exemples, *Si hi tacuerint lapides clamabunt.*

Mais je n'ay pas lieu de reprocher à personne, qu'on fasse cette injustice à sa gloire, de ne la pas publier hautement, si ce n'est peut-estre à ces saintes Filles, à qui un torrent de larmes oste à tous momens l'usage de la voix ; Nous sçavons, M. que la perte effroyable qu'elles ont fait en sa mort, les porte à des sentiments de douleur si sinceres, qu'elles attirent la pitié de toutes les personnes genereuses, qui connoissent les veritables mouvemens de leurs cœurs. Mais si l'affliction qu'elles ressentent en la mort de ce grand modéle de vertu, qui formoit incessamment leur vie sur l'exemple de la sienne, leur oste l'exercice de la langue : Ie puis dire que leurs actions la loüent avec plus de gloire que ne pourroient faire leurs paroles, & qu'elles sont toutes autant de Panegyriques vivans, qui expriment de la plus noble maniere, tout ce qu'on peut dire de grand & de solide de ses eminentes Vertus.

Vous aurez donc aujourd'huy, M. un double Eloge de l'Illustre & sainte Abbesse de Nostre-Dame de Sens, il sera composé des Actions de ses Filles & de mes paroles ; & comme cette vertueuse Personne qui en a fourny la riche matiere, doit paroistre encor toute vivante à nos yeux, nous arresterons d'abord nos regards sur elle-mesme, pour connoistre quels sentimens elle a eu de sa personne, avant que

de Madame Anne Batilde de Harlay. 7
considerer ce que Dieu & les hommes ont [jug]é d'elle. Nous verrons ce que sa gloire a pa[ru] à ses yeux, ce qu'elle a paru aux yeux du [m]onde, ce qu'elle a paru aux yeux de Dieu. [No]us verrons que sa gloire a paru à ses yeux, [co]mme le neant ; qu'elle a paru aux yeux du [m]onde, élevée au dessus de la gloire de la ter[re], qu'elle a paru aux yeux de Dieu, digne de [por]ter la gloire du Ciel. Commençons par ce [qu]'elle a jugé elle-mesme de sa propre gloire, [qu]'elle a regardée comme un neant ; c'est le so[lid]e fondement de tout son Eloge.

[L]E premier dessein de Dieu à l'égard de l'homme, estoit qu'il profitast de ses perfe[cti]ons ; ses secondes intentions ont esté qu'il tirast [du] fruit de ses défauts ; Dieu a consideré l'homme [co]mme juste & comme pecheur ; comme juste, il [a] voulu qu'il tirast avantage de sa vertu ; com[m]e pecheur, il a voulu qu'il pût profiter de ses [fo]iblesses, & qu'il rentrast dans la possession de [la] justice, par la vertu de l'humilité. Or il est le [pr]emier Maistre, dit S. Thomas, qui a enseigné [a]u monde cette grande vertu Chrestienne, Ari[st]ote & le reste des Philosophes Payens, qui ont [tr]aité de toutes les vertus Morales, n'ont point [eu] d'idées de celle-cy : Nous n'avons qu'une lu[m]iere pour la voir, qui est celle de la grace ; nous [n']avons qu'un livre pour l'étudier, qui est l'E[v]angile ; nous n'avons qu'un Maistre pour nous l'apprendre qui est IESUS-CHRIST: Nostre sainte Abbesse qui avoit toûjours les yeux tournez vers cette lumiere Celeste, qui estoit toute appliquée à la lecture de ce livre sacré, qui ne prenoit des leçons que de ce Maistre divin, fut en peu de temps si sçavante dans les pratiques de cette rare vertu d'humilité, que rien ne luy estoit si odieux, que sa propre gloire qui paroissoit comme un neant à ses yeux.

La premiere voye dont elle reconnut l'efficace, pour se maintenir toûjours dans cet estat d'aneantissement, fut de ne se regarder jamais sans regarder Dieu, afin que les disproportions infinies de ces deux objets luy fissent voir autant de neant en sa personne, qu'elle remarquoit de grandeur dans la Majesté divine: Elle avoit appris cette sainte methode de s'establir dans la plus profonde humilité de son Pere S. Benoist, qui se regardoit toûjours, dit le Pape S. Gregoire comme le neant, & tout l'Vnivers comme un Atome; parce que son regard toûjours attaché sur Dieu, faisoit disparoistre tout autre objet à ses yeux, comme si c'eust esté le neant mesme, *Videnti Creatorem Angusta est omnis creatura.* Le Prophete Isaye tiroit le mesme avantage de la veuë du premier estre; Ie n'ay pû voir Dieu, disoit ce Prophete, que je n'aye connu en mesme temps que je suis un miserable, parce que l'homme comparé à Dieu, ne peut paroistre que comme un neant, *Vidi Dominum, um, & dixi væ mihi* : J'ay confideré toutes creatures enfemble, difoit-il, encor, & je les toutes perdu de veuë, fi-toft que je les ay mparées à Dieu, parce que ce qui eft quel-e chofe de confiderable en foy n'eft plus que nage du neant, & le neant mefme, quand il tre en paralelle avec Dieu : *Omnes gentes quafi fint, fic funt coram eo.*

Il falloit bien, Ame vertueufe, que vous vous fiez dans cette glace pour avoir de fi bas itimens de vous-mefme & pour vous anean-à vos propres yeux; ce ne pouvoit eftre 'en vous comparant avec Dieu que vous rdiez de veuë voftre propre gloire : car elle fut foûtenuë avec tout l'éclat que donnent avantages de la nature & de la grace fi vous uffiez comparée à celle des plus nobles crea-res.

Quoy voftre gloire ne vous auroit-elle rien ru fi vous l'aviez regardée de l'œil qu'on la nfidere dans le monde? Eft-ce un avantage ediocre d'eftre née d'un fang illuftre qui vous lie aux plus Nobles, aux plus anciennes, aux us auguftes Maifons de l'Europe? Eft-ce un onneur peu confiderable d'eftre iffuë d'une ge glorieufe qui vous fait compter parmy s Anceftres, des chefs de la premiere Cour ouveraine, des Heros qui fe font fignalez dans s Armées, des Prelats des premieres Eglifes du onde Chreftien, où leurs grandes qualitez

B

ont paru, & paroiſſent encor aujourd'huy dans un éclat merveilleux ? Mais n'eſt-ce pas une gloire qui paſſe toutes les autres, de renfermer dans vous-meſme toutes les qualitez admirables que ces grands hommes ont poſſedées en toutes ſortes d'Eſtats? d'avoir dans la conduite de voſtre Maiſon une Prudence, une Iuſtice, une Sageſſe qui égale celle que vos Ayeuls ont fait admirer à la teſte des Cours Souveraines; d'avoir un cœur invincible dans les entrepriſes les plus courageuſes, qui ſe ſignale autant à combattre les difficultez qui s'oppoſent à ce que voſtre zele vous inſpire d'entreprendre pour la gloire de Dieu, que la valeur de vos Peres s'eſt rendu remarquable dans les Sieges des places, & dans les Batailles; d'avoir une pieté dans vos mœurs, une efficace dans vos paroles, un éclat dans vos Exemples qui vous rendent telle entre les Abbeſſes; que ſont vos Oncles & vos Freres entre les plus illuſtres, les plus ſçavans & les plus éloquents Prelats de l'Egliſe.

Avoüons donc, M. que toutes ces glorieuſes marques d'honneur ſe trouvant dans l'illuſtre Famille de Madame l'Abbeſſe de Noſtre-Dame, que toutes ces grandes vertus Morales, Chreſtiennes & Religieuſes s'eſtant faites remarquer dans le cours de ſa ſainte Vie, ſa gloire auroit paru éclatante juſques à ſes propres yeux, ſi elle n'en avoit détourné ſes regards, pour ne considerer que la gloire de Dieu seul qui aneantissoit toute la sienne. Il est vray qu'un flambeau a de la clarté, il est vray qu'une étoile a de la beauté & de la lumiere; mais qui regarde le globe éblouïssant du Soleil voit disparoistre en mesme temps & le flambeau & l'étoile qui se confondent parmy les nuages & les ombres de la nuit : De mesme une naissance illustre, une Sagesse humaine, une vertu Heroïque ont du brillant & de la splendeur quand on les considere en elles-mesmes ; mais elles perdent entierement leur éclat & ne passent que pour des tenebres quand on les compare avec la Divinité, & avec la gloire infinie qui l'environne.

C'est la voye seure que tenoit toûjours nôtre sainte Abbesse pour n'avoir que des bas sentiments d'elle-mesme : Et pour s'affermir dans les pratiques Religieuses d'une tres-profonde humilité, soit qu'elle considerast ce que Dieu avoit fait pour sa maison, soit qu'elle tournast ses regards sur ce qu'elle avoit fait pour la maison de Dieu, elle luy en attribuoit toute la gloire, & n'en voyoit jamais un seul rayon qui pût rejallir sur elle-mesme. Pendant que tout le monde publie à la veuë du nouveau Monastere qu'elle a fait bastir, qu'elle merite que l'on die d'elle ces paroles de l'Ecriture : *Sapientia ædificavit sibi domum*; qu'il semble que c'est la sagesse mesme qui a construit ce

B ij

nouvel edifice, tant elle a paru prudente & sage à quitter une ancienne maison que de puissantes raisons l'obligeoient d'abandonner, pendant que chacun dit à sa gloire qu'elle a imité le zele des premiers Chrestiens qui demolissoient les anciens Temples lors qu'il avoient esté deshonnorez par un culte impur & prophane: Pendant que toute la Province admire en elle un rayon de la puissance infinie de Dieu, qui tire toutes choses du neant, pendant que personne ne sçauroit comprendre comment d'un Monastere où les Filles ne portoient qu'une livrée exterieure de leur Profession, sans sçavoir dans quel Ordre, & sous quelle Regle elles vivoient; comment d'un Monastere ou tout le bien temporel estoit ou alienè où dissipé, & où les bastimens estoient comme l'observance ruinez jusqu'aux fondemens, elle en avoit pû bastir un nouveau de fond-en-comble, où elle avoit fait une alliance admirable de tout ce que demande la commodité, sans blesser les regles de la pauvreté: Pendant disje que tout le monde admire comment la maison de la Pomeraye, qui estoit un nom de scandale dans la Province, a pû devenir l'Abbaye de Nostre-Dame de Sens, qui fleurit maintenant par sa Sainteté, à l'edification de tout le monde; pendant que chacun sçait que ce grand Ouvrage est le fruit de l'œconomie, de la Sagesse, de la Vertu, de l'Exemple de nostre incomparable

bbesse : Cette humble servante de Dieu croit
avoir rien fait qui ne soit infiniment au des-
us de ses obligations, & qui doive luy atti-
 de la gloire. Son humilité luy donne ce
au sentiment, qu'elle ne doit accepter l'Ab-
ye de la Pommeraye, que sa haute Vertu a
t confier à sa conduite à l'âge de dix-huit
s, que parce qu'elle l'a trouvée en si mauvais
at pour les choses Temporelles & Spirituel-
, qu'estant entierement perduë elle n'y sçau-
it plus rien gaster. Que si les heureux succés
 sa conduite admirable la convainquent,
'elle a fait une espece de miracle en reparant
nt de ruïnes, elle se veut persuader qu'elle a
u infiniment plus faire qu'elle n'a fait ; elle
otefte contre toutes sortes d'apparences,
'il luy manque infiniment plus de bonnes
alitez qu'elle n'en possede ; en sorte que se
esurant suivant la Regle de saint Augustin,
ustost par ses défauts que par ses vertus, el-
trouve en elle-mesme plus de sujets d'humi-
é que de gloire : *Plus videns mihi deesse, quam
esse, humilior sum ex eo quod deest quam elata ex
 quod adest.*

Saint Bernard qui ne trouve point de plus
armante vertu que l'humilité, de quelque
ns qu'on la regarde, en voit pourtant une
pece entre les autres, qu'il croit meriter d'au-
nt plus d'estime & d'admiration, que la pra-
que en est plus rare & plus difficile. C'est cet-

B iij

te solide humilité qui se conserve toute pure & toute entiere parmi les applaudissemens & les loüanges, parmi toute la gloire exterieure qui l'environne : *Magna prorsus & rara virtus humilitas honorata.* Or je puis dire, M. que c'est cette espece d'humilité que nostre sainte Abbesse a eu en partage, & qu'elle a possedé toute sa vie en un degré eminent; si sa vertu a jetté des brillans de toutes parts qui luy ont acquis une estime universelle, & qui l'ont fait reconnoistre pour une des plus sages & des plus saintes Abbesses de son siecle. Si les personnes du Cloistre & du monde ont uni leurs voix & leurs suffrages pour la mettre au dessus de tous les eloges, sa modestie n'en a jamais esté ébranlée, & jamais ces éclats de gloire n'ont penetré les ombres solides de sa tres-profonde humilité, qui a toûjours cherché & trouvé son centre dans les abysmes & dans le neant.

Mais quelque estude qu'elle ait employée a communiquer ses sentimens au dehors, & à procurer par toutes sortes de voyes, que le monde jugeât d'elle, comme elle en jugeoit elle-mesme. Elle n'a jamais fait en ce point que de vains efforts. Sa vertu a eu assez d'éclat pour percer tous les voiles de sa modestie, & Dieu qui est jaloux de la gloire des siens, aussi bien que de la sienne, a voulu que celle de nôtre tres-illustre, tres-sage, & tres-sainte Mere, qui ne paroissoit qu'un neant à ses propres yeux,

de Madame Anne Batilde de Harlay.

[e]t paru à la veuë du monde élevée au dessus [de] toute la gloire de la terre. Voyons cet[te] belle verité dans la seconde partie de son [é]loge.

IL n'y a rien de plus surprenant que la conduite que tient la gloire avec l'homme, il sem[bl]e d'abord qu'elle soit absolument contraire [a]ux lumieres de la raison, aux regles de la mo[ra]le, & aux loix de Iesus-Christ, je dis que la [gl]oire qui ne se donne qu'à ceux qui la fuyent, [bl]esse en apparence les lumieres de la raison: [ca]r si la gloire est bonne, si elle est juste, pour[q]uoy n'est-il pas permis de la desirer, puis que [ce] qui est juste & bon est l'objet naturel de la [v]olonté humaine ? Si au contraire, la gloire [n']est ny juste ny bonne, pourquoy Dieu en [fa]it-il la recompense de l'une des plus belles ver[tu]s Chrestiennes, qui est la parfaite humilité? [O]r la gloire ne s'accorde pas mieux avec la [p]hilosophie morale qu'avec la raison de l'hom[m]e; car la morale veut qu'il y ait toûjours de [la] proportion entre les moyens & la fin, en[tr]e le terme que l'on se propose & la voye que [l']on tient pour y parvenir ; cependant la gloi[r]e suit une methode toute contraire, rien ne [n]ous conduit vers elle quand nous la regar[d]ons comme nostre fin, que des moyens qui [lu]y sont aussi opposez que le sont les ombres à [la] lumiere. Enfin il nous paroist que la gloire n'est pas plus d'accord avec l'Evangile du Fils de Dieu, qu'avec la raison & la morale : car l'Evangile veut que l'on cherche les choses pour les trouver : *Quærite & invenietis*, & nous voyons par une experience univerfelle, que quiconque cherche la gloire ne la rencontre jamais, & qu'elle ne fe laiffe aborder que de ceux qui s'en éloignent & qui la fuyent.

J'avouë que ces paradoxes font auffi étonnans qu'ils font veritables ; mais apres tout, la gloire eft infiniment jufte dans cette conduite irreguliere, parce, dit faint Auguftin, que toutes les voyes qui reftent à l'homme pour recouvrer la gloire que le peché luy a fait perdre font indirectes, & femblent eftre contre l'ordre naturel. Dieu ayant condamné le pecheur à n'avoir plus de part à la grace qu'il faifoit au jufte de le conduire par des voyes droites, *Iuftum deduxit Dominus per vias rectas*; il faut que l'homme criminel aille à l'immortalité par la mort, à la felicité par la peine, & à la gloire par l'humilité.

Que vous nous avez paru inftruite de ces grandes veritez, humble Servante de IESUS-CHRIST ! que vous avez bien fceu trouver les voyes feures qui conduifent à la veritable & folide gloire ! cette profonde humilité qui vous a toûjours reprefenté à vous-mefme, comme l'image du neant, vous a élevée au plus haut point de la gloire : Car IESUS-CHRIST voyant

voftre

...tre esprit si conforme au sien dans les seve-
... pratiques de cette vertu, a voulu que l'on
... de vous comme de luy, que vous avez esté
...iniment exaltée, parce que vous vous estes
...miliée jusqu'au neant.
Venez, vertueuses Filles d'une si sainte Mere,
...nez fournir la preuve de la verité que j'avance,
...nez rendre témoignage du fondement qui
...puye cette haute & parfaite estime que vous
...ez toûjours euë pour elle. Avoüez que c'est
...tte profonde humilité qui éclatoit dans tou-
...ses actions, & qui l'élevoit à vos yeux par des-
...tout, pendant qu'elle s'abaissoit aux siens au
...ssous de toutes choses. N'avez-vous pas sceu
... son sage Directeur, homme de haute repu-
...tion & du premier merite, avec quels em=
...essemens elle voulut souvent se demettre de
... Charge, se croyant infiniment incapable de
...xercer ? ne fallut-il pas ajoûter le commande-
...ent absolu à de justes remonstrances, pour la
...ire consentir à conserver une dignité qui n'a
...mais esté mieux remplie que de sa personne ?
...out ce qui a de l'élevation l'afflige, la blesse,
...ffraye, elle n'a point d'autres sentimens que
...ux de Tertullien : *Homo sum nullius boni, nulli
...i nisi pœnitentiæ natus.* Qu'elle ne se juge capa-
...le d'aucun bien, & que ce seroit luy faire ju-
...ice, que de luy accorder une vie privée, dans
...quelle elle pût faire penitence. Charmant com-
...at entre ses actions & ses pensées, entre ses

C

vertus, & ses desirs; Ses desirs & ses pensées ne tendent qu'à la faire descendre de son rang, & qu'à la deposseder de sa Charge, pendant que ses actions & ses vertus détruisent ses pensées & ses desirs, & font voir que jamais personne n'a esté plus digne du commandement, & n'a mieux merité qu'elle de gouverner une si sainte Maison, qu'elle avoit formée par ses instructions & par ses exemples.

Mais ce n'est pas l'humilité seule qui jette les fondemens de sa gloire, & qui luy acquiert l'estime & l'amour de tout le monde; sa charité y travaille encore plus efficacement que sa modestie; & à vray dire, il n'y a point de vertu qui soit plus propre à y reüssir, parce que ce qui est utile au prochain est toûjours ce qui nous insinuë davantage & dans son esprit & dans son cœur.

Nous connoissons de trois sortes de vertus, qui ont des effets fort differens à l'égard des hommes; les unes sont solitaires & n'ont relation qu'à nous-mesmes; les autres regardent le prochain pour en tirer du secours, & les troisiémes ont encore du rapport à luy, mais pour l'assister & le servir. Les vertus du premier rang, comme sont le Ieusne, l'Oraison, la Penitence, ne regardant en quelque façon que nous-mesmes, passent pour indifferentes au reste des hommes, & n'attirent ordinairement sur nous ny leur amour ny leur haine. Pour ce qui est

de Madame Anne Batilde de Harlay. 19

...es vertus qui ont rapport à autruy, pour en ...rer de l'appuy & de l'assistance, dautant ...'elles sont à charge à ceux à qui nous avons ...cours, comme est la pauvreté volontaire, ...les nous acquierrent plus souvent l'aversion ... le mépris des autres, que non pas leur amour ... leur estime : Mais les vertus qui tendent à ...tilité du prochain & à luy faire du bien, com-...e fait la charité Chrestienne, elles charment ...s hommes par l'interest, & nous en font & ...timer & aymer.

Ie puis dire M. que la Mere charitable de cette ...inte Maison a possedé en un degré eminent ...s vertus solitaires & particulieres ; elle a eu ...sprit d'oraison, & des mortifications les plus ...usteres ; elle estoit si recueillie en Dieu, soit ...ans sa cellule, soit dans l'Eglise, qu'elle avoit ...eine à avoir quelque application aux choses ...xterieures pendant qu'elle vacquoit à la priere. ...'estoit en ces seules occasions que les fon-...tions de sa Charge luy paroissoient incom-...odes ; & quant aux pratiques de l'austerité ...& de la penitence, elle s'y porta toûjours d'u-...e si grande ferveur, qu'apres en avoir donné ...es exemples trop forts pour la conservation ...e sa vie, qu'elle a sans doute abregée par cet-...e voye, elle voulut y perseverer jusqu'à la ...ort, se refusant le secours d'un matelas dans ...extremité de son mal, afin de mourir dans la ...nesme austerité qu'elle avoit toûjours vescu.

C ij

Elle ne se signala pas moins dans l'exercice de la pauvreté Religieuse que dans la pratique de la pénitence, mais ce ne fut jamais à la charge du prochain; cette grande Ame ne pût se resoudre, en quelque estat que sa Maison fut reduite, à chercher d'autre secours que celuy de la Providence & de son œconomie; en sorte que n'estant incommode à personne, elle estoit generalement aimée de tout le monde. Elle s'attira sur tout cet amour universel par ce troisiéme genre de vertu qui tourne à l'utilité du prochain. Vous diriez à voir cette closture severe, à voir ces grilles fermées, & ce commerce interdit de ses Filles & d'elle-mesme avec le monde, que nostre vertueuse Abbesse veut enfermer sa charité avec elle dans sa retraite, & qu'elle la veut rendre toute domestique. Mais vous allez voir M. que c'est un Soleil caché dans un nuage, qui ne fait jamais tant de bien au monde que quand il disparoist à nos yeux. Sa charité envers son prochain est comme celle du Ciel envers la terre, qui a milles influences secrettes qui agissent incessamment, & qui font des biens infinis sans se faire voir. L'on voit subsister une multitude incroyable de pauvres, durant une cherté extraordinaire qui les menaçoit de mourir de faim; à qui doivent-ils la subsistance & la vie qu'à cette charitable Mere des miserables qui a défendu expressement à son Oeconome qu'on en éconduise jamais un seul? L'on voit des Filles

le Madame Anne Batilde de Harlay.

..uées des biens de la fortune, à qui le Ciel n'a
..né en partage que la vertu seule, l'on les
..t sans dotte suffisante pour entrer dedans un
..istre. Qui leur tendra des bras charitables
..ir les recevoir & pour seconder leur voca-
..a destituée de toute assistance humaine ? Ce
.. la vertueuse Abbesse de N. Dame qui mé-
..è les commoditez temporelles, qui, com-
.. Dieu ne pese que les esprits : *Spirituum ponde-*
..r est, & qui fait voir par ses œuvres ce qu'elle
..it cent fois de sa bouche, qu'elle craint plus
..ondance que la pauvreté dans son Mona-
..e. L'on voit enfin des affligez de toutes ma-
..res dont les miseres paroissent contagieuses,
..les font abandonner de tout le monde. Qui
..r offrira de la consolation, de l'assistance, de
..ritable secours ? c'est avant tout autre no-
.. incomparable Mere, qui est infiniment plus
..sible aux disgraces de son prochain, qu'elle
.. l'est aux siennes propres, & qui dit en toutes
..contres apres son Epoux Iesus-Christ,
.. tous les pauvres & les affligez auront touf-
..rs un seur azyle aupres d'elle, & qu'ils res-
..tiront les effets de sa Charité. Faut-il s'eston-
.. apres cela si elle est dans l'estime generale
..tout le monde, & si elle regne sur tous les
..urs ? faut-il estre surpris si la Charité luy rend
..r autruy ce que son humilité luy oste par el-
..mesme. Ie veux dire si le bien qu'elle fait par
..e charité universelle, luy acquiert autant

C iij

d'honneur & de gloire qu'elle voudroit s'attirer de mépris par les bas sentimens qu'elle témoigne avoir de ses actions & de sa personne.

Mais si son ardente charité paroist un Soleil dans son aurore quand elle répand ses premiers rayons sur son prochain hors de sa closture, elle se fait voir comme en un plein midy dans l'enceinte de son Monastere, quand elle agit à l'endroit de ses cheres Filles qui possedent toutes les tendresses de son Amour.

Lors que le Prophete Roy parle des grandeurs de Dieu & des merveilles de sa puissance & de sa bonté, qui le font connoistre & adorer par toute la terre, il nous fait remarquer qu'il affecte par un choix particulier de faire connoistre ce qu'il est au milieu des siens, & de répandre sur son peuple d'Israël plus d'effets de ses graces & de ses misericordes, qu'il ne fait sur tout le reste des hommes : *Notus in Iudæa Deus in Israël magnum nomen ejus.* L'Epouse fidele de Jesus-Christ qui prend son Dieu pour modele dans tout ce qui nous paroist de sa conduite, ayant rendu ses vertus celebres & sa charité connuë par tout, en l'exerçant sans distinction sur toutes sortes de personnes, s'applique neantmoins avec un soin singulier, à pratiquer cette divine vertu parmy les siens dans son Monastere.

Il faudroit, Mesdames, que vous prissiez la parole en cet endroit, & que pressées des justes sentimens de vostre reconnoissance,

us diſſiez à cette ſainte Aſſemblée, juſqu'où
t eſté ſes charitables tendreſſes envers ſes
ligieuſes; il faudroit que vous nous en fiſſiez
e peinture vivante qui la repreſentât à nos
ix telle qu'elle a paru aux voſtres, lors qu'a-
idonnant le ſoin d'elle-meſme elle eſtoit
ite devoüée au ſervice de ſes Sœurs, ſans
inction ny exception de perſonne. Il fau-
it, Meſdames, nous repreſenter quel
it ce gouvernement agreable ſouſtenu d'u-
douceur ſans foibleſſe, & d'un zele ſans
ertume qui la faiſoit aymer, eſtimer, & ad-
er de toutes ſes Filles, comme la plus ay-
ble & la plus charitable de toutes les Meres.
Que ne nous diriez-vous pas de cette pa-
ice invincible, que S. Paul veut eſtre la pre-
re compagne de la charité, qui parut in-
rable de la ſienne? Oublirez-vous de nous
e entendre de quelle force fut ſa vertu, lors
voulant eſtablir la reforme dans ſon Mo-
tere, & ayant choiſi une Fille d'une autre
iſon qu'elle jugeoit propre à ſon deſſein
r la ſeconder dans tous ſes travaux, Dieu
mit que cette creature s'oubliât juſqu'à tel
nct de ſon devoir, qu'elle ne faiſoit autre
ſe qu'exercer ſa patience par un eſprit de
tradiction, qui auroit mis cent fois à bout
vertu de plus foible trempe que n'eſtoit la
ne. Mais cette grande Ame qui eſtoit ravie
voir les plus fortes occaſions de triompher

de son amour propre, ne voulut point s'oster cette peine qui eust esté insupportable à tout autre : On la vit paroistre en cette occasion telle que Tertullien nous represente le Prophete Iob, qui se voyant contrarié & mortifié par ceux-là mesme qui devoient avoir pour luy plus de complaisance & de respect, craignoit encore en ce penible estat, de ne pas assez pratiquer la patience : *Timuit ne sine aliqua pœnitentia viveret.*

Mais Dieu qui veut que la vertu de ses Saints ait enfin autant d'éclat qu'elle a eu durant un temps de rudes épreuves, permit que cette Fille inconsiderée estant retournée dans son premier Monastere, se sentant agitée des remords pressans de sa conscience fist une satisfaction publique à nostre sainte Abbesse, & crut ne pouvoir verser assez de larmes pour effacer les taches de sa mauvaise conduite, en sorte qu'elle sanctifiât la sainte Mere pendant sa Vie par sa patience, & se justifia elle-mesme au temps de sa mort par sa penitence.

O Ame vrayement digne d'estre comparée à ce qui a paru de plus charitable, de plus ferme, de plus constant dans la vertu achevée des plus grands Saints ! O Mere digne d'estre aymée de toute la tendresse dont des cœurs reconnoissans & fideles peuvent estre capables ! O prodige de charité ! O vertu qui n'a presque plus d'exemple, tant elle s'éleve au dessus des forces humaines !

Iuge

jugez si c'est sans sujet M. que je me récrie de la sorte quand vous sçaurez que cette charitable personne, qui estoit dans son premier aage, d'un temperamment tres-sain & tres-fort, & qui l'avoit alteré par l'assistance continuelle qu'elle donnoit aux malades, erigea le plus glorieux de tous les trophées à sa charité, en la personne d'une ancienne Religieuse de la Pomeraye, qu'elle avoit rappellée à son devoir & establie dans l'amour de sa Profession par son aimable conduite. La voyant un jour couverte d'une petite verole, où les Medecins apperçurent tant de malignité qu'ils n'osoient presque plus s'en approcher, elle s'enferma d'un courage invincible avec la malade, & oubliant qu'estant fille & jeune, elle avoit tout à craindre d'un mal si contagieux, elle l'assista constamment jusqu'à la mort; & la serrant dans ses bras d'une tendresse maternelle, sans estre rebutée par l'infection qu'exhaloit ce corps tout couvert de pourriture, elle ne pût donner de bornes à sa charité & à son grand cœur, qu'elle ne l'eut ensevelie de ses propres mains.

Saint Chrysostome considerant ce que dit Marthe à Iesus-Christ apres la mort de son frere le Lazare, *Quatriduanus fœtet*, qu'il falloit craindre d'en approcher, parce que son corps estoit déja tout tourné en corruption, remarque que la tendresse du Sauveur du monde pour ce miserable, fut plus grande que celle de sa propre Sœur, veu qu'il n'eut point d'horreur d'aller vers ce corps tout couvert de pourriture ; quoy que Marthe n'en pût supporter l'approche : *Fœtet Sorori, non fœtet Creatori.* N'est-il pas juste, ô mon Dieu, que j'étende cet eloge jusqu'à nostre incomparable Abbesse, & que voyant avec quel courage elle approche de cette malade infectée, avec quelle charité elle luy donne ses remedes de sa main, avec quelle tendresse elle embrasse ce corps tout pourri, durant sa vie & apres sa mort ; Ie die qu'elle a plus fait qu'on ne doit attendre d'une creature, puis qu'elle a si fidellement imité son Createur.

Ne craignez donc plus, mes cheres Sœurs, d'exceder dans ses Eloges, & de trop exalter sa gloire ; ne craignez plus de répandre trop de larmes, & de regretter par trop de soûpirs une Mere si digne d'estre aimée, estimée, loüée & admirée de toute la terre : Croyez au contraire que toute la terre ne peut suffire à luy donner des loüanges, puis qu'ayant imité si fidellement son Dieu dans ses plus hautes vertus, elle merite de tirer sa gloire de luy-mesme, & de posseder celle dont les Saints jouïssent dans le Ciel : C'est la derniere verité que j'ay à vous faire voir, comme c'est la derniere recompense qu'elle a meritée par une vie toute remplie de merveilles.

Il semble M. que c'est plus promettre que nous ne pouvons tenir, que de vous faire espérer quelque connoissance de la gloire que nostre illustre Défunte a meritée à l'égard de Dieu, & qu'elle possede maintenant au Ciel pour en jouir une eternité entiere. Le sentiment de David semble ne nous laisser aucun espoir de pouvoir nous satisfaire sur ce poinct: car il dit, que toute la gloire d'une fille du Pere eternel, d'une Epouse de Jesus-Christ, procede du fond de son ame, & est toute interieure: *Omnis gloria ejus filiæ Regis ab intus*. Or est-il que toute la lumiere que nous pouvons avoir touchant quelque personne que ce soit, ne peut estre que de la surface & de l'exterieur de ses actions, sans que nostre œil puisse jamais penetrer dans ses pensées, & beaucoup moins dans l'intime de son cœur. Comment donc remonter jusqu'à la source de la gloire Divine que cette sainte Ame a meritée, puis que cette source est au dedans d'elle-mesme, & qu'elle ne sçauroit paroistre à nos yeux? D'ailleurs le jour bien-heureux où cette gloire infinie luy est donnée pour jamais est le Ciel Empirée, qui est le Trône de Dieu. Or je voy que Moyse, qui nous a donné le Tableau de tous les ouvrages du Createur, n'a pas osé nous donner une seule idée de celuy-cy, il a décrit tout ce qui a jamais esté produit depuis le centre de l'abys-

C ij

me, jusques à la voûte du premier Ciel ; mais il est demeuré à la porte de ce Sanctuaire avec un profond respect, sans nous rien dire de ce divin sejour de la gloire ny de la felicité qu'on y possede. Nous voila donc sans espoir de rien connoistre sur le sujet que je me suis engagé de traiter dans la derniere partie de cet Eloge, puis que nos connoissances ne peuvent atteindre ny au sejour de la gloire dont nostre sainte Abbesse jouit à present, ny mesme entrer dans l'intime de son Ame d'où est partie cette mesme gloire au sentiment du Prophete : *Omnis gloria ejus filiæ Regis ab intus.*

I'avouë, M. que ce seroit une presomption temeraire de pretendre parler sur ce divin sujet avec une connoissance certaine; mais nous en sçavons assez pour estre obligez d'avouër que toutes les felicitez humaines sont infiniment au dessous de ce que nous pouvons concevoir de la gloire que cette Ame bien-heureuse a meritée, & qu'elle a receuë de Dieu. L'on sçait que jamais l'œil de la creature n'a penetré jusques dans l'interieur de ces montagnes embrazées qui jettent de toutes parts des feux & des flâmes : Cependant chacun peut juger par ce qui en paroist au dehors, combien l'incendie est grande au dedans. Ie dis de mesme, qu'encor que l'interieur d'une Ame sainte, qu'encor que l'intime de son cœur d'où partent les vives flâmes de l'amour Divin ne se découvrent jamais

nos yeux : Nous pouvons neantmoins juger
par les étincelles ardantes qui se font voir au
dehors combien la flâme interieure est ardente, & connoistre ensuite par l'ardeur divine de
ce feu sacré, quelle est la lumiere de la gloire
qui en derive, comme l'effet de sa cause.
 Voulez-vous donc sçavoir quelle gloire nostre sainte Abbesse a meritée de la part de Dieu?
arrestez quelques momens vos regards sur les
étincelles du feu Divin qui consumoient son
cœur au dedans, & qui paroissoient aux yeux
du monde. Saint Bernard maintient qu'il n'y a
point de cœur humain qui ne soit susceptible
d'amour, & que cette noble partie de nostre
estre est une Salemandre mystique qui ne trouve son élement que dans la flâme : Il faut donc,
ou que l'amour du Createur, ou l'amour des
creatures, ou enfin l'amour propre de nous-
mesme regnent dans nos cœurs, d'où je tire
cette juste consequence, que, qui trouve un
cœur humain entierement degagé de l'amour
des choses exterieures & de l'amour de soy-
mesme, peut dire avec quelque certitude qu'il
est remply de l'amour de Dieu, qu'il brûle
d'une flâme toute divine. Rappellez, maintenant, Mesdames, ce que vous avez connû du
mépris universel qu'a fait vostre sainte Mere
de toutes les choses d'icy bas : Rappellez ce que
vous avez veu en milles rencontres du peu
d'attachement qu'elle avoit à elle-mesme, &

de l'aneantiſſement de ſa perſonne à ſes propres yeux. Souvenez-vous des ſeveres traittemens qu'elle a fait à ſon corps par des mortifications continuelles: Souvenez-vous combien elle a fait éclater contre ſoy cette hayne Evangelique, que Dieu veut que nous nous portions: Souvenez-vous enfin de l'avoir veuë ſi delicate ſur le ſujet de l'amour des creatures, qu'elle euſt ce ſeul ſcrupule à la mort de ſentir encor dans ſon cœur les mouvemens innocens de l'amour qu'elle avoit euë pour Meſſieurs ſes Freres, qui luy avoient toûjours eſté chers par milles juſtes raiſons. Reconnoiſſez enſuitte, Meſdames, par cette delicateſſe ſurprenante, ſi ſon cœur pouvoit aymer autre choſe que Dieu; puis qu'il travailloit à ſe défendre ſi ſeverement d'un Amour ſi legitime.

O cœur tout celeſte, & ſi je l'oſe dire tout divin, puis qu'il eſt le Trône de la divinité meſme! ô cœur digne de poſſeder le cœur de Dieu, & de le poſſeder ſans reſerve, puis qu'il s'eſt donné à luy ſans partage! O cœur dont Dieu ſeul peut faire l'Eloge, puis que luy ſeul en a eu la connoiſſance & la poſſeſſion. Imaginez-vous M. un bouton de roſe qui demeure toûjours fermé & qui tient toutes ſes beautez ſecrettes, tant qu'il ne reſſent point l'ardeur du Soleil; mais ſi-toſt que ce bel aſtre tourne ſes regards vers luy, il ſe découvre & s'épanoüit juſqu'au

ntre du cœur, il étale sa pourpre, il exale ses
rfums vers luy seul : Aussi est-ce de ce mesme
leil qu'il reçoit les influences favorables; c'est
 luy d'où procedent toutes ses beautez, &
st de luy seul qu'il reçoit tout son honneur
 sa gloire. Vous estes Epouse de Iesus-
hrist, cette roze mystique, vostre cœur
 ce bouton sacré qui demeure fermé aux
oses d'icy bas, & qui ne s'épanoüit par des
timens d'amour, que quand il reçoit les lu-
ieres & les ardeurs du Soleil de la grace de
sus-Christ; aussi est-ce de luy seul que
us tirez toute vostre gloire, C'est à luy seul,
e vous dites comme l'Epouse aux Canti-
es : *Dilectus meus mihi & ego illi*, que vous sça-
z qu'il est tout à vous, comme vostre cœur
el vous rend témoignage qu'il est tout à luy.
N'est-il pas veritable, Mesdames, que vous
 avez entendu tenir ce langage jusqu'au der-
r soûpir de sa vie ? N'avoüerez-vous pas que
n vit au temps de sa mort que tout ce que
stoire dit du Phœnix se fit voir reellement en
 personne ? Oüy, M. son cœur fut un Autel
ré, où l'amour comme un Prestre divin fit
 tout son estre une victime qu'elle immola à
 Dieu. Ce fut alors que voulant mourir dans
 feu sacré pour renaistre & pour revivre eter-
llement avec Dieu, elle donna lieu de dire
a gloire ces belles paroles de Tertullien : *Se-
am lubenter funerans renovat natali fine decedens*

atque succedens iterum Phœnix, qu'elle fit de sa mort causée par l'amour un passage favorable à une vie plus heureuse, où elle joüit de cette gloire infinie que l'Esprit humain ne peut comprendre: Disons encor qu'elle s'est renouvellée en la personne d'une autre elle-mesme, qui la represente jusqu'aujourd'huy toute vivante à nos yeux, & que changeant peu d'une pensée de l'Ecriture, nous pouvons dire avec verité: *Mortua est Mater & quasi non est mortua similem enim reliquit sibi post se*, que vostre sainte Mere est morte, Mesdames, & que neantmoins elle ne l'est pas, puis que vous la possedez encore en la personne de son illustre Sœur qui a autant succedé à ses vertus qu'à sa Charge.

Au reste je ne m'estonne plus, si une sainte impatience d'arriver à l'immortalité par la mort luy donnoit un dégoust, & un mespris si universel de toutes les choses de la vie; puis qu'elle avoit souvent essayé des plaisirs qu'on gouste au Ciel par les elevations de son Ame, qui traittoit souvent immediatement avec Dieu dans l'Oraison, où elle paroissoit aussi recüeillie qu'un Ange ou qu'une Ame separée du corps. Ie ne m'estonne plus, si l'amour de son cœur donnoit des forces à sa voix durant qu'elle se disposoit à la mort, pour dire à Madame sa chere Sœur, ces paroles qui l'attendrirent jusqu'à la reduire à l'agonie elle-mesme! Ha ma chere Sœur je ne suis plus de ce monde, il me semble

de Madame Anne Batilde de Harlay. 33

[sem]ble que j'ay entendu une voix qui m'appel[le], & qui ne veut plus que j'aye des pensées que [p]our le Ciel, ny plus d'amour que pour Dieu. [A]insi pardonnez-moy, chere Sœur, si mon cœur [n]e vous donne plus les marques accoustumées [d]e ses tendresses: Ie le trouve si occupé & si [p]enetré de Dieu, qu'il ne peut plus estre sensi[b]le que pour luy seul.

Alors paroissant comme un autre Elie qui [m]onte au Ciel au milieu des flâmes, elle ne [t]ourne plus ses yeux vers la terre que comme [c]e saint Patriarche pour y donner son Esprit à [s]es Disciples. L'on voit ses cheres Filles autour [d]e son lit abysmées dans la douleur, & presque [n]oyées dans leurs larmes, qui ne peuvent envisager leur perte sans estre saisies d'effroy; & [l]'on voit leur constante Mere à qui il ne reste [p]lus rien des foiblesses humaines, qui les re[g]arde d'un œil ferme & qui leur dit d'un cou[ra]ge qui se renforce aux approches de la mort. [O]ubliez, mes chers enfans, oubliez mes mau[v]ais exemples qui m'obligent à vous demander [p]ardon; mais n'oubliez jamais les paroles de [v]ie qui sont sorties de ma bouche; n'oubliez [ja]mais les saintes Constitutions que Dieu vous [a] données par mes mains: Et vous, ma chere [S]œur, à qui je confie en mourant ce Sacré de[p]ost, à qui je resigne la conduite de ce cher Troup[p]eau de Iesus-Christ, pour lequel il a [d]onné son Sang & sa Vie, abandonnez le soin

E

de la voſtre pour vous devoüer toute entiere à ſon ſervice, & pour vous acquitter plus dignement que je n'ay fait d'une Charge ſi ſainte, ſi importante, mais ſi redoutable.

Apres un diſcours de cette force ſouſtenu d'un eſprit d'amour qui regna dans ſon cœur juſqu'à la mort, noſtre ſainte Abbeſſe ne penſa plus qu'à recevoir le Sacrement adorable de l'Euchariſtie, & celuy de l'Extreme-onction, avec une preſence admirable d'eſprit, avec une humilité profonde, avec un ardent amour qui acheva de conſumer la Victime & qui en fit un parfait Holocauſte aux yeux de Dieu. Elle mourut de la mort des juſtes, apres avoir quitté le monde à l'âge de neuf ans, apres en avoir paſſé plus de dix dans la ſainte Abbaye de Chelles qui crut avoir perdu un Ange en la perdant, apres avoir gouverné durant trente-cinq années, comme une intelligence Celeſte ſa propre Abbaye, apres avoir couronné une vie toute conſacrée à Dieu, & toute éclatante de vertus par une fin bien-heureuſe, qui n'a eſté qu'un paſſage à une vie immortelle.

Allez donc, Epouſe fidelle de IESUS-CHRIST, allez chaſte Colombe, volez juſqu'au pied du Troſne de voſtre Epoux, & regnez ſur celuy que ſon amour vous prepare & que vous avez merité par tant de vertus. Allez Ame bien-heureuſe joüir des triomphes qui vous ſont acquis, apres avoir ſouſtenu tant de combats, après avoir remporté tant de victoires. Allez dire encore une fois en presence de Dieu & des Anges ces paroles d'humilité qui ont fait vostre devise icy bas. *Ego gloriam meam non quæro*, je n'ay jamais recherché ma propre gloire, afin que les Anges & Dieu mesme vous respondent en vous comblant des felicitez: *Est qui quærat & judicet*, que vous avez trouvé un Iuge équitable qui vous a couronné d'une gloire eternelle dans le Ciel, pour avoir méprisé le faux éclat de celle qui éblouït tant de monde sur la terre. Allez Mere charitable, employez le credit que vous avez maintenant auprès de Dieu en faveur de vos saintes Filles, qui ont toûjours eu tant de part aux tendresses de vostre cœur, obtenez leur par l'efficace de vostre entremise, qu'elles fassent un si bon usage de vos Instrutions & de vos Exemples, qu'elles puissent vous suivre un jour jusque dans la gloire pour y regner avec vous dans tous les siecles des siecles.

F I N.

A LA MEMOIRE ETERNELLE

De tres-illustre & tres-vertueuse Dame

ANNE BATILDE DE HARLAY,

Qui deceda le 7. jour de May l'an 1668. âgée de cinquante-six ans,

ABBESSE ET FONDATRICE DE CETTE MAISON qu'elle transfera de la Pommeraye, & bastit en ce lieu, où elle a remis en vigueur la discipline Reguliere, gouverné & conduit ses cheres Filles avec autant de charité que de prudence l'espace de trente-huit ans. Dame LOÜISE DE HARLAY sa sœur, qui a succedé à cette Abbaye, par le choix qu'elle-mesme en avoit fait de son vivant, secondée de sa pieuse & reconnoissante Communauté, a donné par cette Tombe une marque à la posterité de sa gratitude aussi-bien que de sa douleur.

EPIGRAMME.

M ORT qui fais tout trembler, & sous qui tout succombe,
Voicy de ton pouvoir un rigoureux effet.
Dis-nous, cruelle, qu'as-tu fait?
Connois-tu le Tresor que couvre cette Tombe?

Icy gist une illustre Fille,
Dont l'admirable pieté,

EPIGRAMME.

Par sa chaste fécondité
Enfanta pour le Ciel une grande Famille.

Sa naissance estoit haute, & sa vertu profonde;
Elle quitta la Cour pour embrasser la Croix;
Elle promit son cœur au Monarque des Rois,
Et donna ses mépris aux vanitez du Monde.
Depuis qu'ell' eust formé ce genereux dessein,
Iamais aucun soûpir n'échappa de son sein
  Qui pûst démentir ses promesses.
Vne chaste pudeur relevoit sa beauté;
Ell' avoit pour son Dieu d'amoureuses tendresses,
Et marquoit dans son port une humble gravité.

L'on comptoit trois Estez sur son troisiéme lustre
Quand LOUIS l'honora de cette marque illustre,
Qui la faisoit paroistre au-dessus de ses Sœurs.
La Crosse luy déplut avecque tous ses charmes,
L'obeïssance seule avoit fait ses douceurs,
L'honneur de commander luy coûta bien des larmes.

Chelles, qui dans ton sein, receus les premiers feux
  De cét Astre tout lumineux,
Apprends avec douleur son Eclipse mortelle;
Tu nous l'avois donné par l'aveu d'un grand Roy,
  Mais quelque grand que fust ton zele,
Tu nous faisois un don qui n'estoit pas à toy.

Dans ce Temple sacré qu'ell' a rendu si beau,
Ell' a servy son Maistre & chanté ses loüanges;

EPIGRAMME.

L'en fit en vivant la demeure des Anges;
L'en fit dans sa mort son illustre Tombeau.

○✤○

Coulez, coulez fideles larmes,
Et coulez eternellement,
Vostre illustre BATILDE est dans le Monument;
Adieu nos plaisirs & nos charmes.

○✤○

O vous, que les temps à venir,
Doivent placer dans ce saint Monastere,
Imitez la vertu de vostre illustre Mere,
Et gravez son Portrait dans vostre souvenir.

F I N.

EPIGRAMME

Qui vous a rendu la bible aux doigts,
Madame, à votre jeune âge? Ce fut sans doute

Celui qui fit Ève si belle,
Et rendit si sage...

Celui qui fit Adam, & qui le désarmant,
Même au Paradis, & me châtia.

(○○○)

Ô vous, qui les trompés à venir,
Prenez cette clef à saint Magdeleine,
N'écoutez ce son de la Sirène;
Et gravez, sou Portrait dans votre souvenir.

FIN.

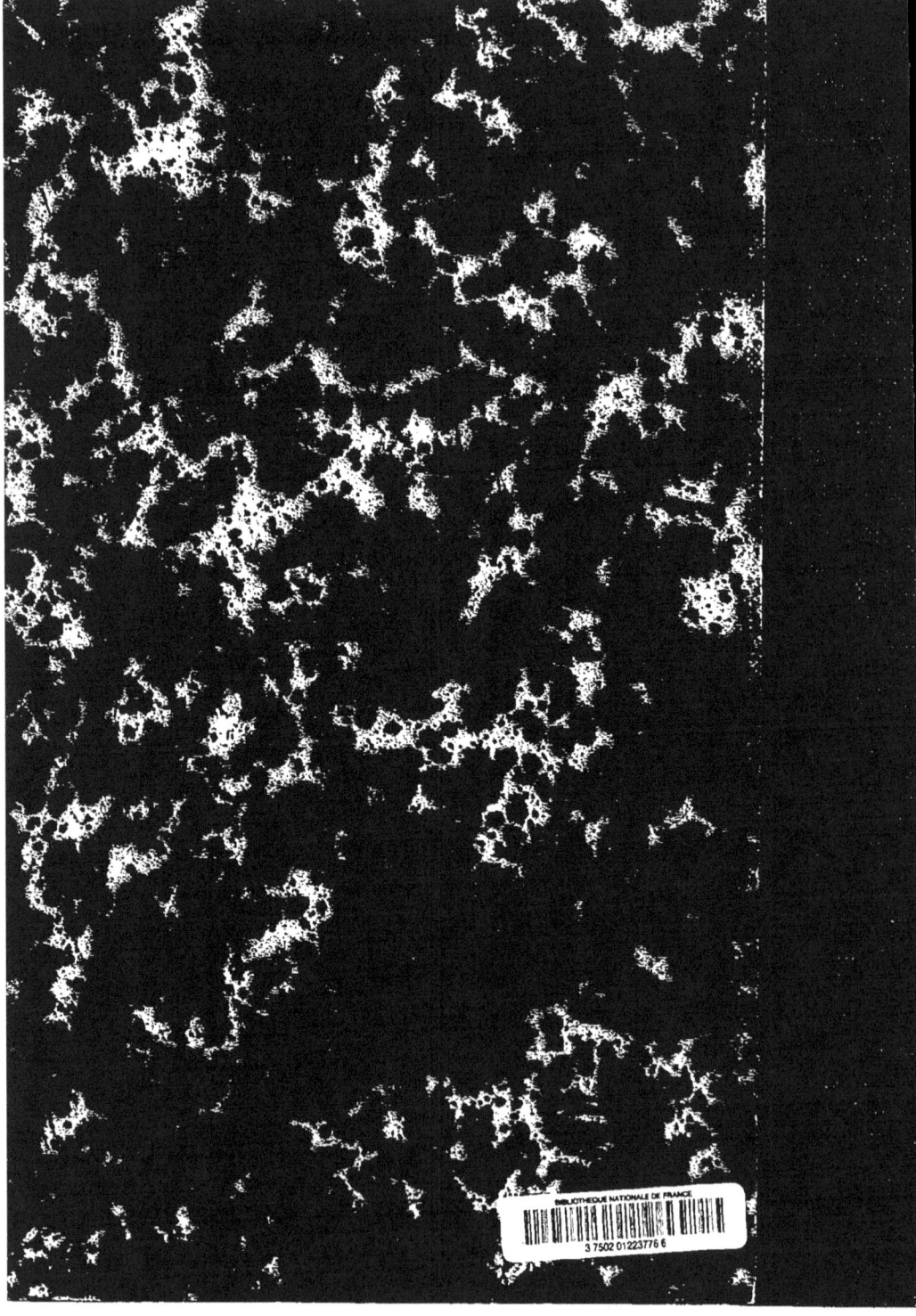

www.ingramcontent.com/pod-product-compliance
Lightning Source LLC
Chambersburg PA
CBHW070658050426
42451CB00008B/413